sekolah - sekolah 2
perjalanan - berjalan 5
transportasi - pengangkutan 8
kota - bandar 10
pemandangan - landskap 14
restauran - restoran 17
supermarket - pasar raya 20
minuman - minuman 22
makanan - makanan 23
pertanian - ladang 27
rumah - rumah 31
ruang tamu - ruang tamu 33
dapur - dapur 35
kamar mandi - bilik air 38
kamar anak - bilik kanak-kanak 42
pakaian - pakaian 44
kantor - pejabat 49
ekonomi - ekonomi 51
pekerjaan - pekerjaan 53
alat - alat 56
alat musik - alat muzik 57
kebun binatang - zoo 59
olahraga - sukan 62
aktivitas - aktiviti 63
keluarga - keluarga 67
badan - badan 68
rumah sakit - hospital 72
darurat - kecemasan 76
bumi - bumi 77
jam - jam 79
minggu - minggu 80
tahun - tahun 81
bentuk - bentuk 83
warna-warna - warna 84
berlawanan - berlawanan 85
angka-angka - nombor 88
bahasa-bahasa - bahasa-bahasa 90
siapa / apa / begaimana - siapa / apa / bagaimana ... 91
dimana - di mana 92

Impressum
Verlag: BABADADA GmbH, Nedderfeld 112 , 22529 Hamburg
Geschäftsführer / Verlagsleitung: Harald Hof
Druck: Books on Demand GmbH, In de Tarpen 42, 22848 Norderstedt

Imprint
Publisher: BABADADA GmbH, Nedderfeld 112 , 22529 Hamburg, Germany
Managing Director / Publishing direction: Harald Hof
Print: Books on Demand GmbH, In de Tarpen 42, 22848 Norderstedt

sekolah

sekolah

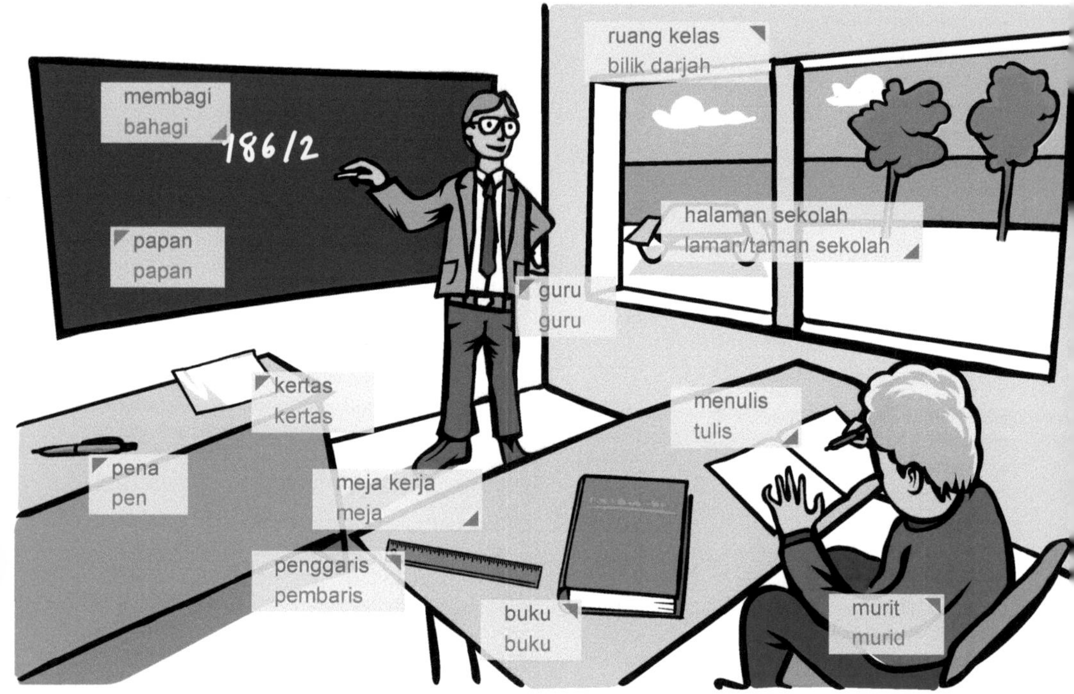
ruang kelas
bilik darjah
membagi
bahagi
186/2
papan
papan
halaman sekolah
laman/taman sekolah
guru
guru
kertas
kertas
menulis
tulis
pena
pen
meja kerja
meja
penggaris
pembaris
buku
buku
murit
murid

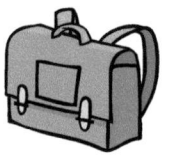

tas sekolah

beg galas

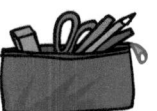

tempat pensil

kotak pensel

pensil

pensel

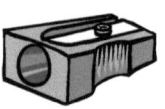

pengasah pensil

pengasah pensel

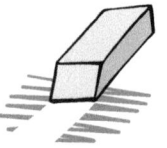

penghapus

pemadam

kertas gambar

kertas lukisan

gambar

melukis

kuas

berus lukis

kotak cat

kotak warna

gunting

gunting

lem

gam

buku latihan

buku latihan

pekerjaan rumah

kerja rumah

angka

nombor

tambhakan

tambah

mengurangi

tolak

mengalikan

darab

menghitung

kira

huruf

huruf

alfabet

abjad

kata

kata

teks
teks

membaca
baca

kapur
kapur

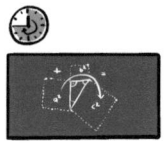

pelajaran
pelajaran

daftar
daftar

ujian
peperiksaan

sertifikat
sijil

seragam sekolah
uniform sekolah

pendidikan
pendidikan

ensiklopedi
ensiklopedia

universitas
universiti

mikroskop
mikroskop

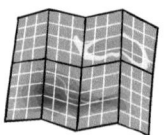

peta
peta

tempat sampah
bakul sampah

hotel
hotel

Grand

hostel
asrama

ROOMS

kantor pertukaran mata uang
pejabat tukaran mata wang

EXCHANGE

koper
beg pakaian

mobil
kereta

bahasa
bahasa

ya / tidak
ya / tidak

okay
okey

hallo
helo

penerjemah
penterjemah

terima kasih
Terima kasih

Berapa harganya...?

berapa banyak...?

saya tidak mengerti

saya tidak faham

masalah

masalah

Selamat malam!

Selamat petang!

Selamat siang!

Selamat Pagi!

Selamat tidur!

Selamat Malam!

sampai jumpa

selamat tinggal

arah

arah

bagasi

bagasi

tas

beg

ransel

beg galas

tamu

tetamu

ruang

bilik tidur

kantong tidur

beg tidur

tenda

khemah

informasi wisata

maklumat pelancong

pantai

pantai

kartu kredit

kad kredit

sarapan

sarapan

makan siang

makan tengah hari

makan malam

makan malam

tiket

tiket

elevator

lif

perangko

setem

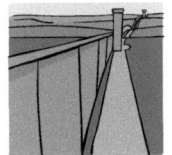

perbatasan

sempadan

cukai

kastam

kedutaan

kedutaan

visa

visa

paspor

pasport

transportasi

pengangkutan

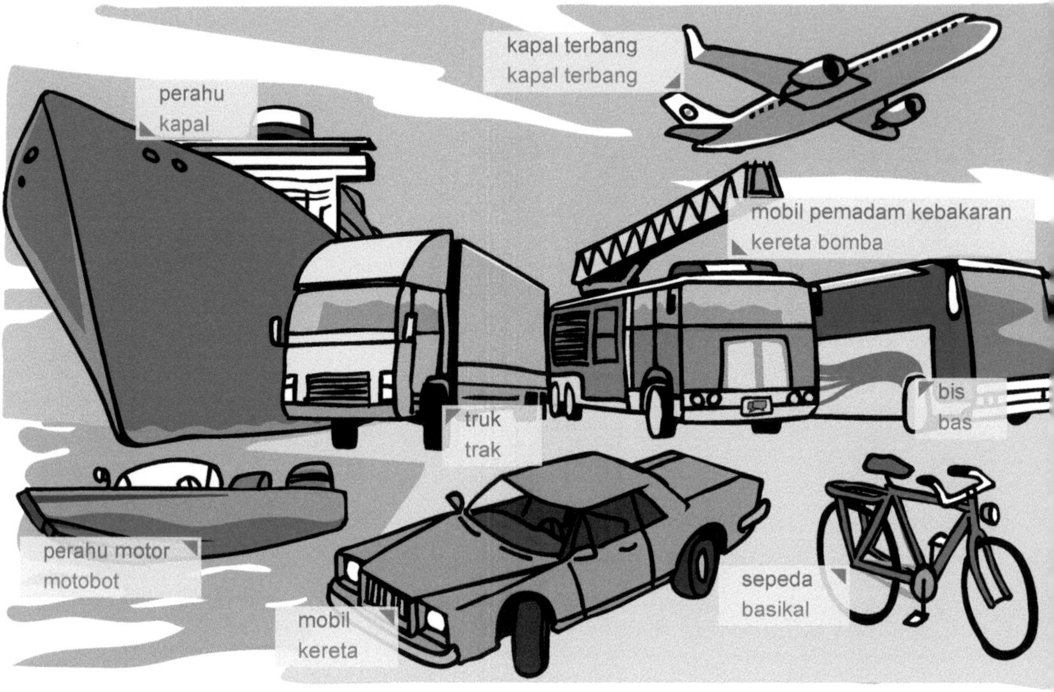

kapal terbang
kapal terbang
perahu
kapal
mobil pemadam kebakaran
kereta bomba
truk
trak
bis
bas
perahu motor
motobot
sepeda
basikal
mobil
kereta

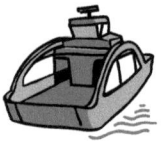

feri

feri

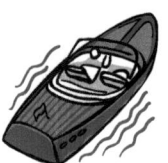

perahu

bot

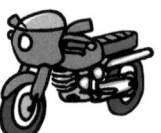

sepeda motor

motosikal

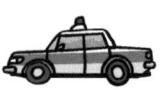

mobil polisi

kereta polis

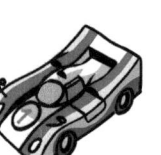

mobil balapan

kereta lumba

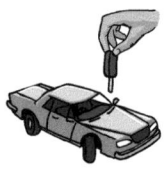

mobil sewa

kereta sewa

berbagi mobil

berkongsi kereta

truk derek

trak tunda

truk sampah

trak menolak

motor

motor

bahan bakar

bahan api

bensin

stesen minyak

tanda lalulintas

tanda trafik

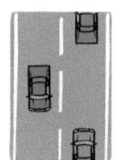

lalulintas

trafik

macet

kesesakan lalu lintas

parkir mobil

tempat parkir

stasiun kereta

stesen kereta api

trek

trek

kereta api

kereta api

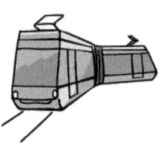

tram

trem

gerobak

gerabak

transportasi - pengangkutan

helikopter

helikopter

bendara

lapangan terbang

menara

Menara

penumpang

penumpang

container

bekas

karton

kadbod

troli

kart

keranjang

bakul

berangkat / mendarat

berlepas / mendarat

kota

bandar

desa

kampung

pusat kota

pusat bandar

rumah

rumah

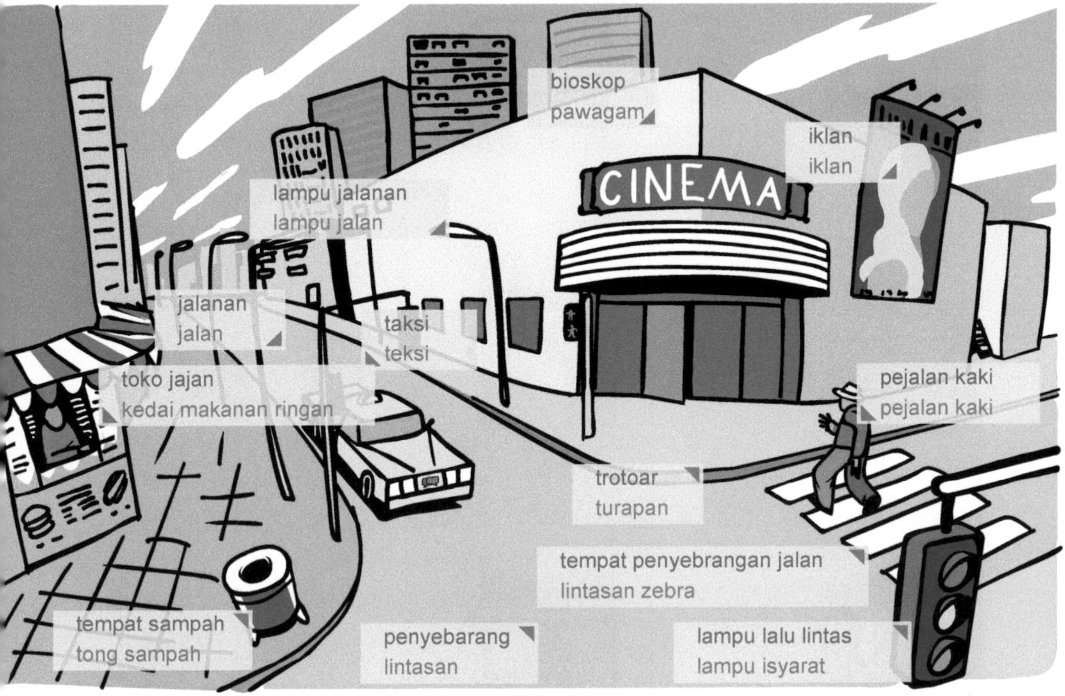

bioskop
pawagam

iklan
iklan

lampu jalanan
lampu jalan

jalanan
jalan

taksi
teksi

CINEMA

pejalan kaki
pejalan kaki

toko jajan
kedai makanan ringan

trotoar
turapan

tempat penyebrangan jalan
lintasan zebra

tempat sampah
tong sampah

penyebarang
lintasan

lampu lalu lintas
lampu isyarat

gubuk
pondok

rumah flat
flat

stasiun kereta
stesen kereta api

balai kota
dewan bandar

museum
muzium

sekolah
sekolah

kota - bandar

universitas

universiti

bank

bank

rumah sakit

hospital

hotel

hotel

farmasi

farmasi

kantor

pejabat

toko buku

kedai buku

toko

kedai

toko bunga

kedai bunga

supermarket

pasar raya

pasar

pasaran

toko serba ada

gedung

nelayan

penjual ikan

pusat belanja

pusat membeli-belah

pelabuhan

pelabuhan

taman

taman

banku

bangku

jembatan

jambatan

tangga

tangga

kereta bawah tanah

bawah tanah

terowongan

terowong

pemberhantian bis

hentian bas

bar

bar

restauran

restoran

kotak surat

peti surat

tanda jalan

papan tanda jalan

meteran parkir

meter parkir

kebun binatang

zoo

kolam renang

kolam renang

mesjid

masjid

pertanian
ladang

polusi
pencemaran

kuburan
tanah perkuburan

gereja
gereja

tempat bermain
taman permainan

pura
kuil

pemandangan
landskap

daun
daun

penunjuk arah
tiang tanda

jalanan
jalan

padang rumput
padang rumput

batu
batu

pohon
pokok

pejalak kaki
pejalan kaki

sungai
sungai

rumput
rumput

bunga
bunga

lembah

lembah

bukit

bukit

danau

tasik

hutan

hutan

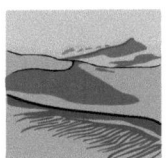

padang gurun

padang pasir

gunung berapi

gunung berapi

istana

istana

pelangi

pelangi

jamur

cendawan

pohon palem

pokok kelapa sawit

nyamuk

nyamuk

lalat

terbang

semut

semut

lebah

lebah

laba-laba

labah-labah

pemandangan - landskap

kumbang
kumbang

kodok
katak

tupai
tupai

landak
landak

kelinci
arnab

burung hantu
burung hantu

burung
burung

angsa
angsa

babi jantan
babi jantan

rusa
rusa

rusa
moose

bendungan
empangan

turbin angin
turbin angin

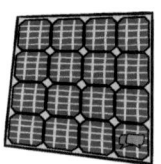

panel surya
panel solar

iklim
iklim

restauran

restoran

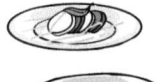

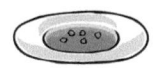

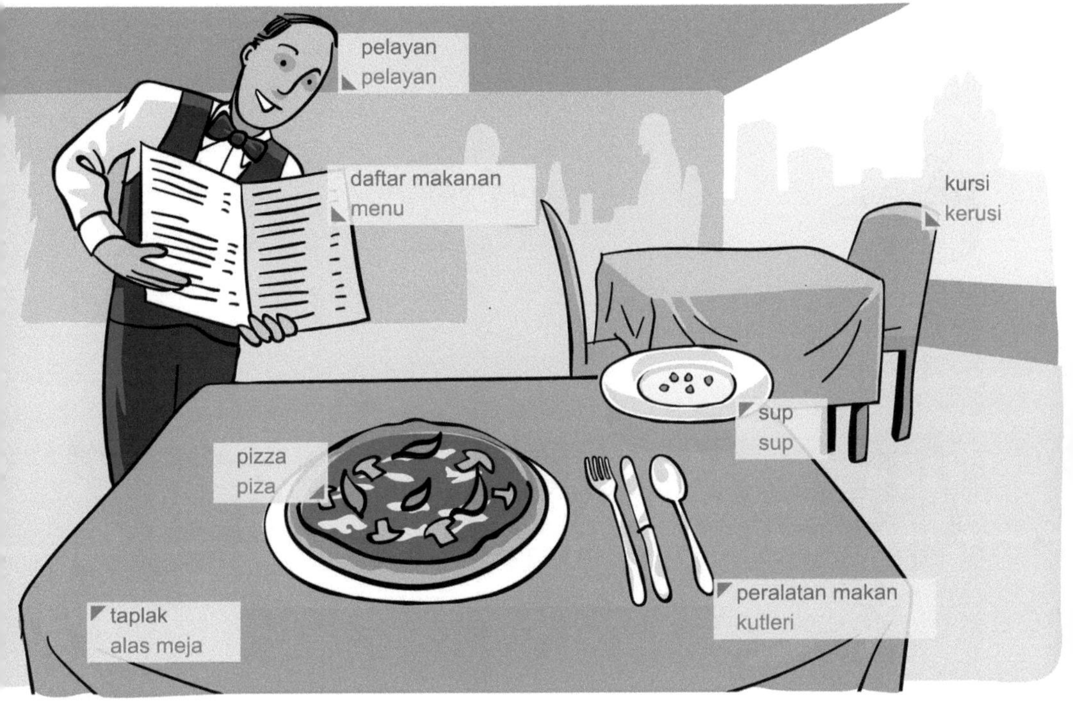

pelayan
pelayan
daftar makanan
menu
kursi
kerusi
sup
sup
pizza
piza
peralatan makan
kutleri
taplak
alas meja

hindangan pembuka

pemula

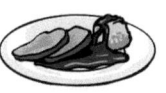

hidangan utama

hidangan utama

hidangan penutup

pencuci mulut

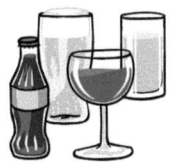

minuman

minuman

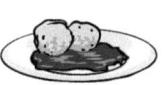

makanan

makanan

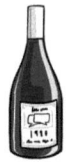

botol

botol

fastfood

makanan segera

masakan jalanan

makanan jalanan

teko teh

teko

kaleng gula

mangkuk gula

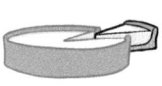

porsi

bahagian

mesin espresso

mesin espreso

kursi tinggi

kerusi tinggi

tagihan

bil

baki

dulang

pisau

pisau

garpu

garfu

sendok

sudu

sendok teh

sudu teh

serbet

serviette

gelas

gelas

restauran - restoran

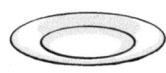

piring

pinggan

piring sup

mangkuk sup

lepek

piring

saus

sos

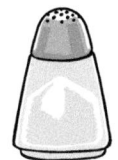

tempat garam

tempat garam

gilingan merica

pengisar lada

cuka

cuka

minyak

minyak

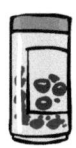

bumbu

rempah

saus tomat

sos

mustar

mustard

mayones

mayones

supermarket
pasar raya

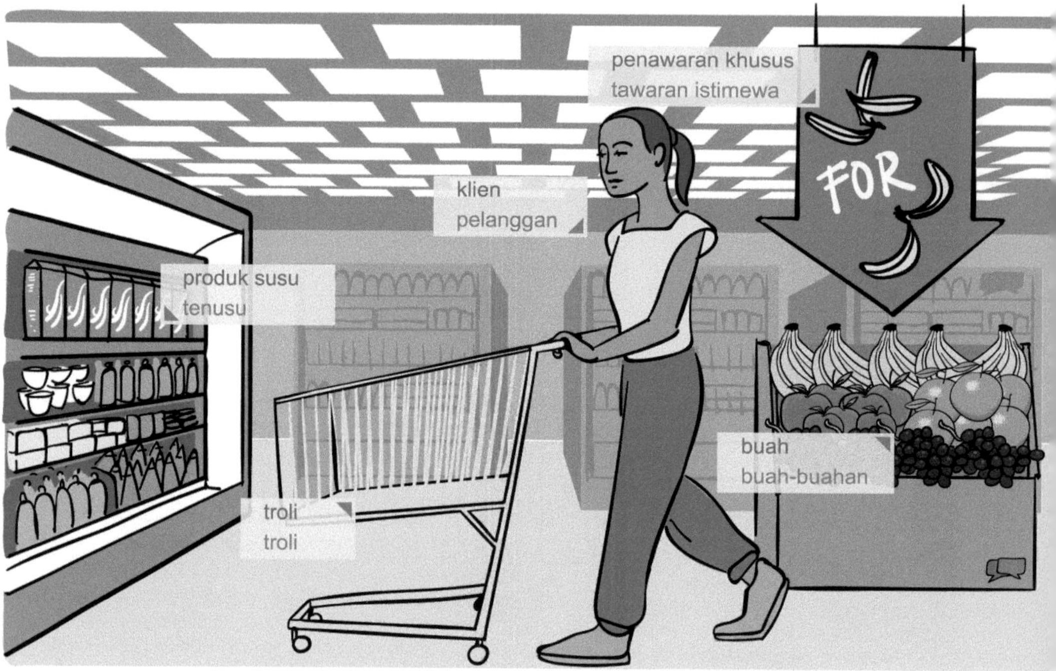

penawaran khusus
tawaran istimewa

klien
pelanggan

produk susu
tenusu

FOR

buah
buah-buahan

troli
troli

pembantai
....
tukang daging

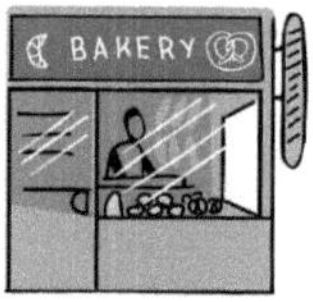

toko roti
....
kedai roti

menimbang
....
berat

sayur
....
sayur-sayuran

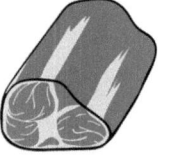

daging
....
daging

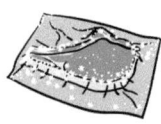

makanan beku
....
makanan sejuk beku

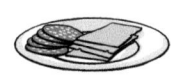

pemotongan dingin

daging sejuk

makanan kaleng

makanan dalam tin

sabun serbuk

serbuk pencuci

permen

gula-gula

alat-alat rumah tangga

produk isi rumah

obat pembersihan

produk pembersihan

penjual

orang jualan

kasa

daftar tunai

kasir

juruwang

daftar belanja

senarai membeli-belah

jam buka

waktu pembukaan

dompet

beg duit

kartu kredit

kad kredit

tas

beg

kantong plastik

beg plastik

air
....
air

jus
....
jus

susu
....
susu

cola
....
kola

anggur
....
wain

bir
....
bir

alkohol
....
alkohol

coklat
....
koko

teh
....
the

kopi
....
kopi

espresso
....
espreso

cappucino
....
kapucino

pisang

pisang

apel

epal

jeruk

oren

semangka

tembikai

jeruk lemon

lemon

wortel

lobak merah

bawang putih

bawang putih

bambu

buluh

bawang bombai

bawang

jamur

cendawan

kacang

kacang

mi

mi

spagetti

spageti

nasi

nasi

salat

salad

kentang goreng

kerepek

kentang goreng

kentang goreng

pizza

piza

hamburger

hamburger

sandwich

sandwic

sayatan

kutlet

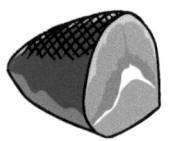

ham

ham

salami

salami

sosis

sosej

ayam

ayam

menggoreng

panggang

ikan

ikan

bubur gandum

bubur oat

sereal

muesli

cornflakes

emping jagung

tepung

tepung

croissant

kroisan

roti

roti roll

roti

roti

toast

roti bakar

biskuit

biskut

mentega

mentega

dadih

dadih

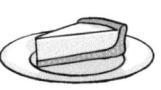

kue

kek

telur

telur

telur goreng

telur goreng

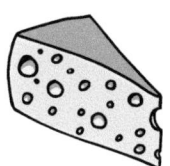

keju

keju

eskrim

ais krim

gula

gula

madu

madu

selai

jem

krim nugat

krim nougat

kare

kari

makanan - makanan

rumah peternakan
rumah ladang

bale jemari
bandela jerami

lumbung
bangsal

lapangan
bidang

kuda
kuda

kereta gandeng
treler

anak kuda
anak kuda

traktor
traktor

keledai
keldai

domba
biri-biri

domba
kambing

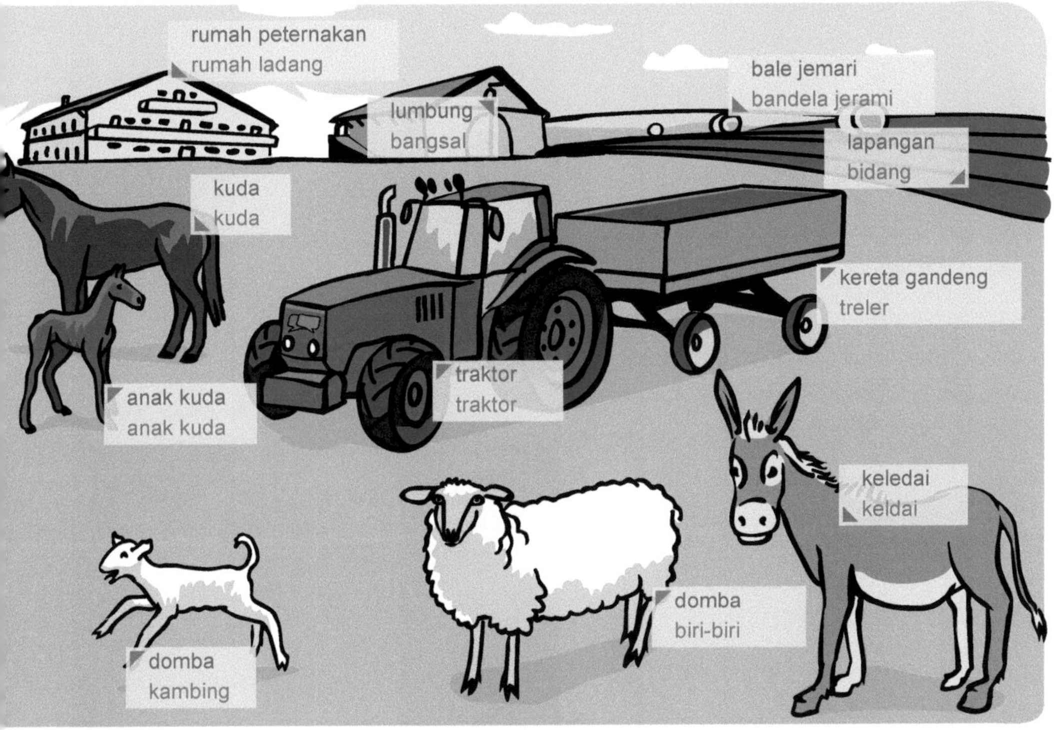

kambing
kambing

sapi
lembu

betis
anak lembu

babi
babi

celeng
anak babi

banteng
lembu

pertanian - ladang

27

angsa

angsa

bebek

itik

anak ayam

anak ayam

ayam

ayam betina

ayam jantan

ayam jantan muda

tikus

tikus

kucing

kucing

tikus

tikus

lembu

lembu jantan

anjing

anjing

rumah anjing

rumah anjing

selang

hos taman

penyiram

bekas siraman

sabit

sabit

bajak

bajak

sabit
sabit

cangkul
cangkul

garpu rumput
serampang peladang

kapak
kapak

gerobak
kereta sorong

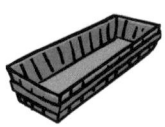

palung
palung

kaleng susu
tin susu

karung
karung

pagar
pagar

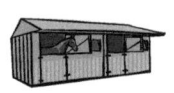

kandang
stabil

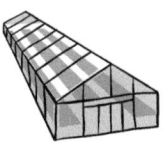

rumah kaca
rumah hijau

tanah
tanah

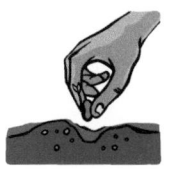

benih
benih

pupuk
baja

mesin pemanen
jentuai

pertanian - ladang

panen

tuai

panen

menuai

yams

keladi

gandum

gandum

kedelai

soya

kentang

kentang

jagung

jagung

lobak

biji sawi

pohon buah

pokok buah-buahan

singkong

ubi kayu

sereal

bijirin

pertanian - ladang

cerobong
cerobong

atap
atap

pipa talang
penurun

jendela
tetingkap

garasi
garaj

bel pintu
loceng pintu

pintu
pintu

sampah
tong sampah

kotak surat
peti surat

kebun
taman

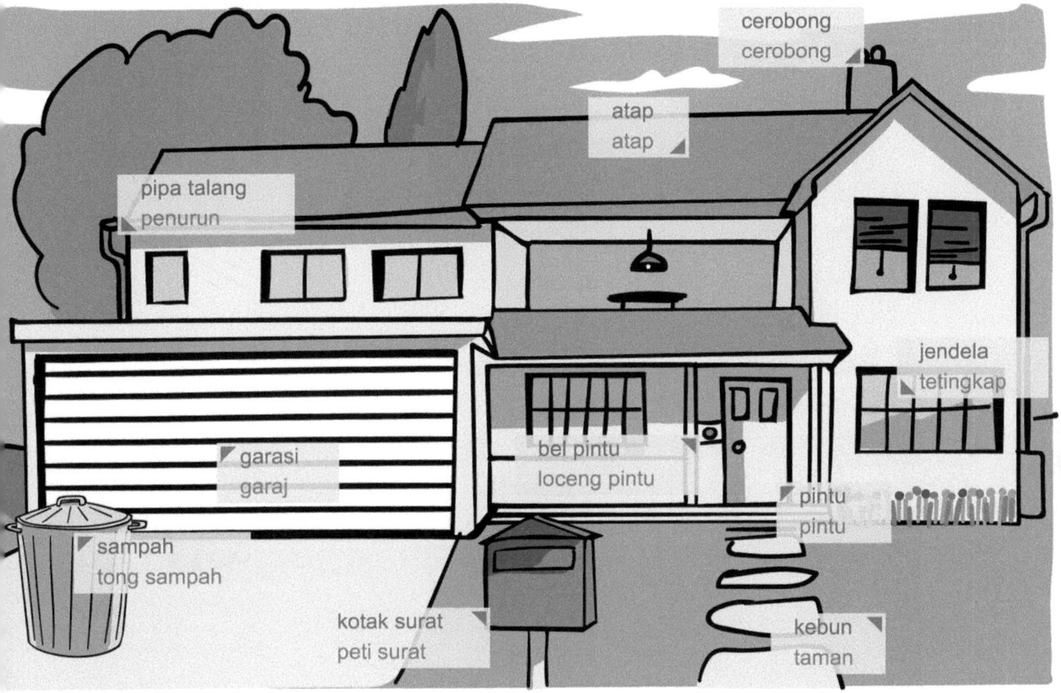

ruang tamu
ruang tamu

kamar mandi
bilik air

dapur
dapur

kamar tidur
bilik tidur

kamar anak
bilik kanak-kanak

kamar makan
ruang makan

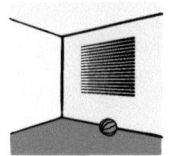

lantai

lantai

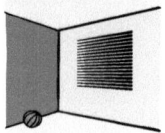

tembok

dinding

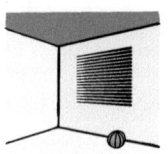

atap

siling

gudang di bawah tanah

bilik bawah tanah

sauna

sauna

balkon

balkoni

teras

teres

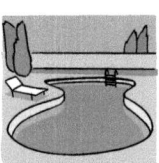

kolam renang

kolam renang

mesin pemotong rumput

pemotong rumput

sprei

lembaran

selimut

penutup tilam

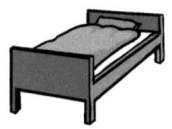

tempat tidur

katil

sapu

penyapu

ember

timba

tombol

suis

ruang tamu
ruang tamu

kertas dinding
kertas dinding
gambar
gambar
lampu
lampu
rak
rak
kabinet
kabinet
televisi
televisyen
perapian
pendiangan
bunga
bunga
bantal
kusyen
sofa
sofa
vas
pasu
remote control
alat kawalan jauh

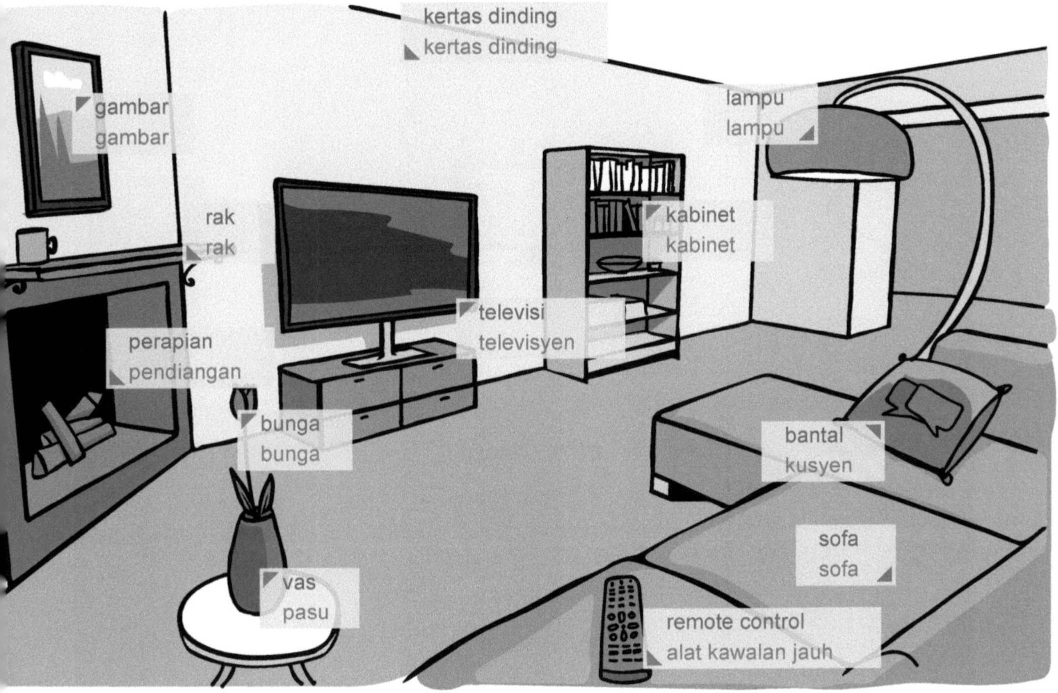

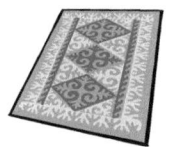

karpet

permaidani

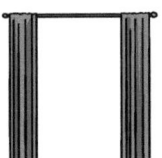

korden

tirai

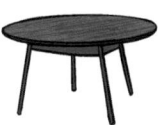

meja

meja

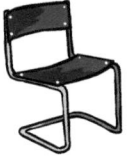

kursi

kerusi

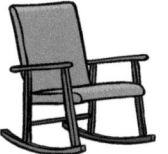

kursi goyang

kerusi malas

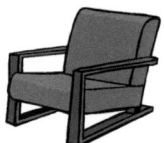

kursi malas

kerusi

buku

buku

selimut

selimut

dekorasi

hiasan

kayu bakar

kayu api

filem

filem

hi-fi

hi-fi

kunci

kunci

koran

akhbar

lukisan

lukisan

poster

poster

radio

radio

buku tulis

buku catatan

penyedot debu

penyedut habuk

kaktus

kaktus

lilin

lilin

dapur
dapur

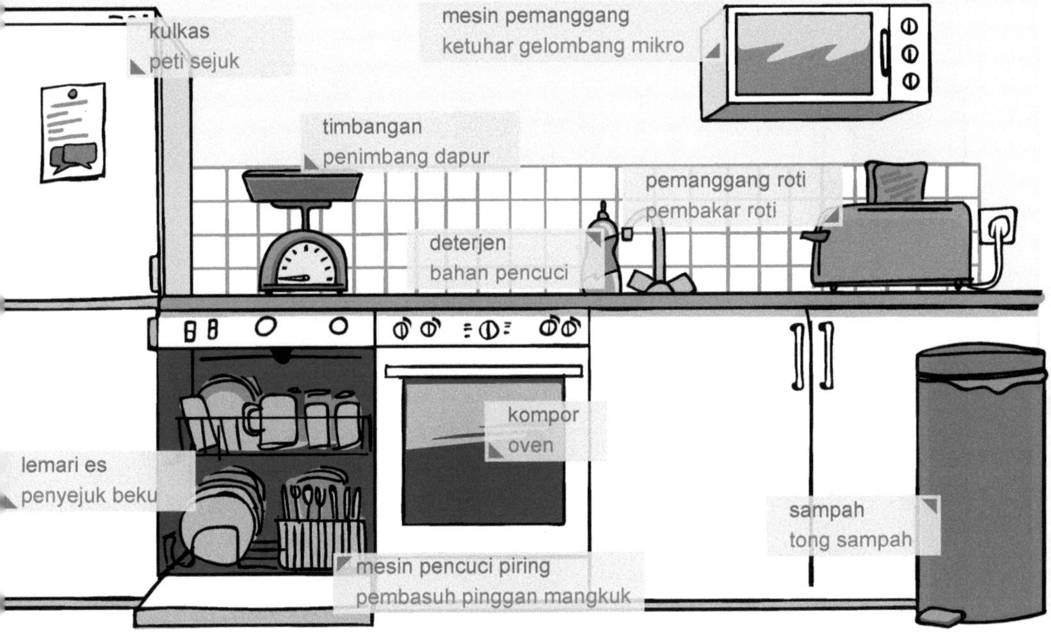
kulkas
peti sejuk
mesin pemanggang
ketuhar gelombang mikro
timbangan
penimbang dapur
pemanggang roti
pembakar roti
deterjen
bahan pencuci
kompor
oven
lemari es
penyejuk beku
sampah
tong sampah
mesin pencuci piring
pembasuh pinggan mangkuk

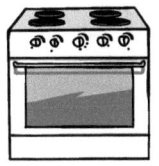

kompor

periuk dapur

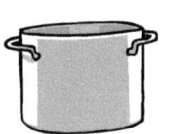

panci

periuk

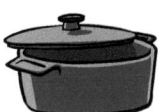

panci besi

periuk besi

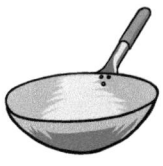

wajan

kuali

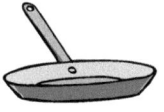

panci

pan

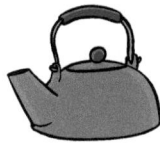

pemanas air

cerek

panci pengukus makanan

pengukus

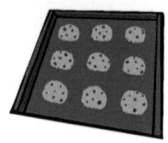

nampan

dulang pembakar

piring

pinggan mangkuk

cangkir

koleh

mangkok

mangkuk

sumpit

penyepit

sendok sup

senduk

sudip

spatula

mengocok

pengadun

saringan

penapis

saringan

ayak

parutan

pemarut

mortir

mortar

barbeque

barbeku

api terbuka

pembakaran terbuka

dapur - dapur

papan memotong

papan pencincang

gilingan

pin golekan

alat pembuka botol

skru gabus

kaleng

tin

pembuka kaleng

pembuka tin

pegangan panci

pemegang periuk

wastafel

sinki

sikat

berus

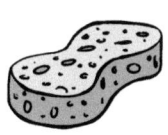

busa

span

mesin pencampur

pengisar

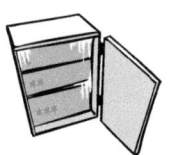

lemari es

penyejuk beku

botol bayi

botol bayi

keran

paip

kamar mandi

bilik air

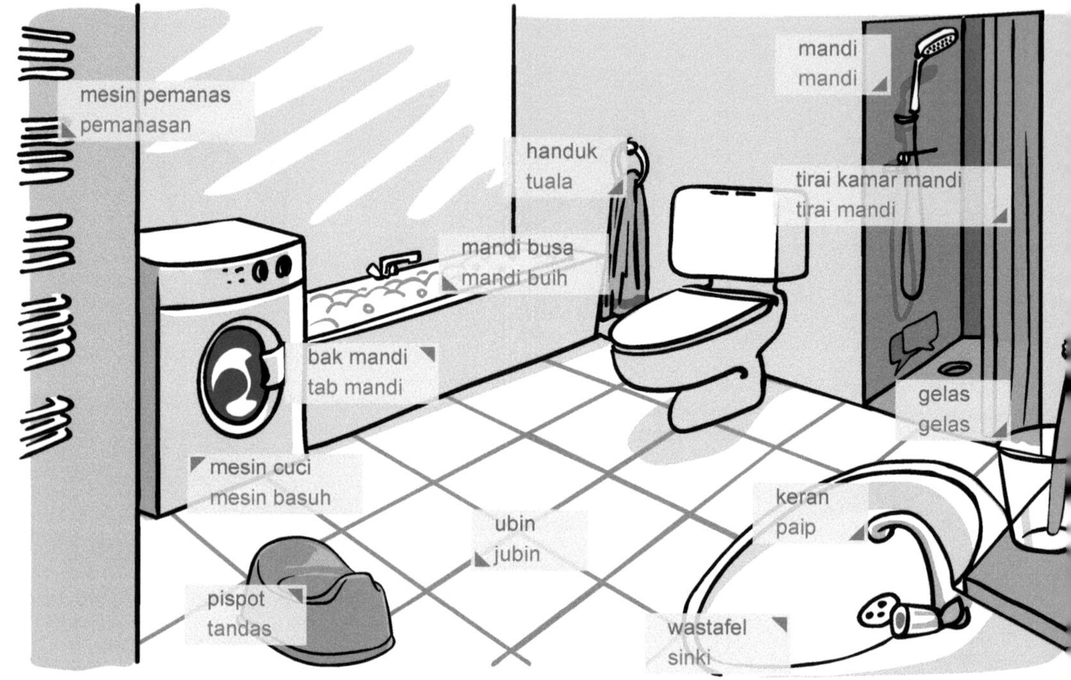

mesin pemanas
pemanasan
handuk
tuala
mandi
mandi
tirai kamar mandi
tirai mandi
mandi busa
mandi buih
bak mandi
tab mandi
gelas
gelas
mesin cuci
mesin basuh
keran
paip
ubin
jubin
pispot
tandas
wastafel
sinki

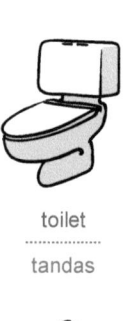

toilet

tandas

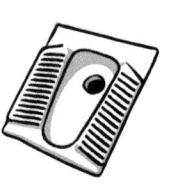

toilet jongkok

tandas mencangkung

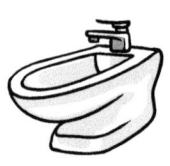

bidet

mangkuk tandas

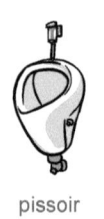

pissoir

tandas awam

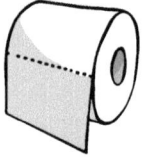

kertas toilet

kertas tandas

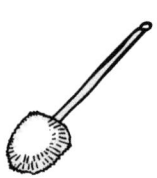

sikat toilet

berus tandas

sikat gigi

berus gigi

pasta gigi

ubat gigi

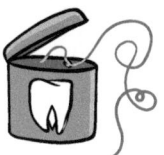

benang gigi

flos gigi

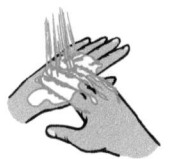

menyuci

cuci

pancuran tangan

mandian tangan

pancuran

pancuran

bak

besen

sikat punggung

belakang berus

sabun

sabun

gel mandi

gel mandian

sampo

syampu

planel

flanel

kuras

longkang

krim

krim

deodoran

deodoran

kaca

cermin

cermin tangan

cermin tangan

pisau cukur

pisau cukur

busa cukur

busa cukur

aftershave

selepas cukur

sisir

sikat

sikat

berus

alat pengering rambut

pengering rambut

semprot rambut

semburan rambut

makeup

mekap

lipstik

gincu

cat kuku

varnis kuku

kapas

bulu kapas

gunting kuku

gunting kuku

minyak wangi

pewangi

kantong pencuci

beg basuhan

bangku

bangku

timbangan

skala berat

mantel mandi

jubah mandi

sarung tangan karet

sarung tangan getah

tampon

kapas

handuk pembalut

tuala wanita

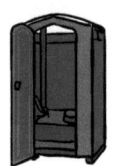

toilet kimia

tandas kimia

kamar anak
bilik kanak-kanak

jam alarm
jam loceng
boneka tidur
mainan kegemaran
mobil-mobilan
kereta mainan
kelintung
kerincing bayi
rumah boneka
rumah anak patung
kado
hadiah

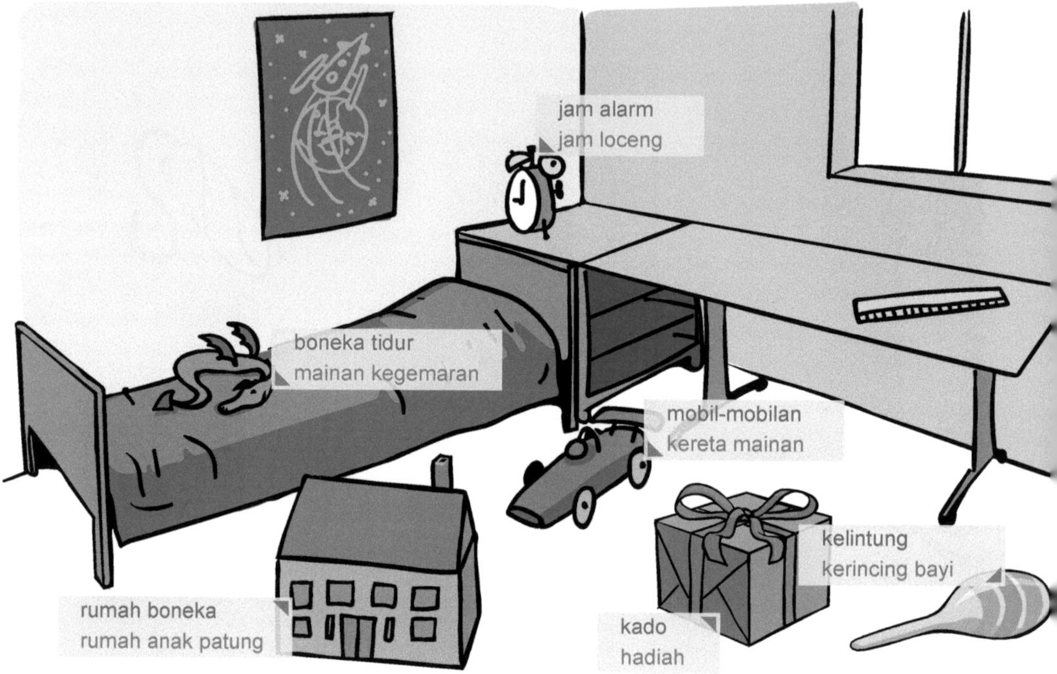

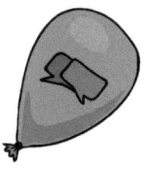

balon
belon

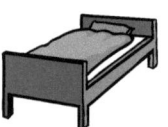

tempat tidur
katil

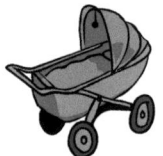

kereta bayi
kereta sorong bayi

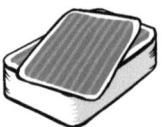

mainan kartu
set kad

teka-teki
susun suai gambar

SUPER
MEGA

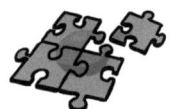

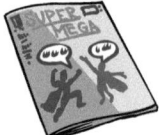

komik
komik

mainan lego
batu bata lego

blok mainan
blok mainan

figur aksi
figura aksi

baju monyet
baju bayi

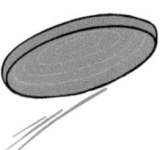

frisbee
frisbee

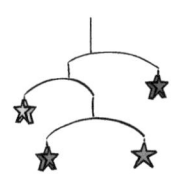

mobile
mainan bayi mudah alih

permainan papan
permainan papan

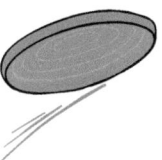

dadu
dadu

set model kreta api
set model kereta api

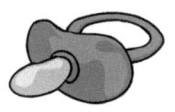

dot
palsu

pesta
parti

buku gambar
buku bergambar

bola
bola

boneka
anak patung

bermain
main

tempat main pasir

lubang pasir

ayunan

buai

mainan

mainan

video game konsol

konsol permainan video

sepeda roda tiga

basikal roda tiga

teddy

anak patung beruang

lemari pakaian

almari pakaian

pakaian

pakaian

kaos kaki

stoking

kaos kaki

stoking

baju ketat

ketat

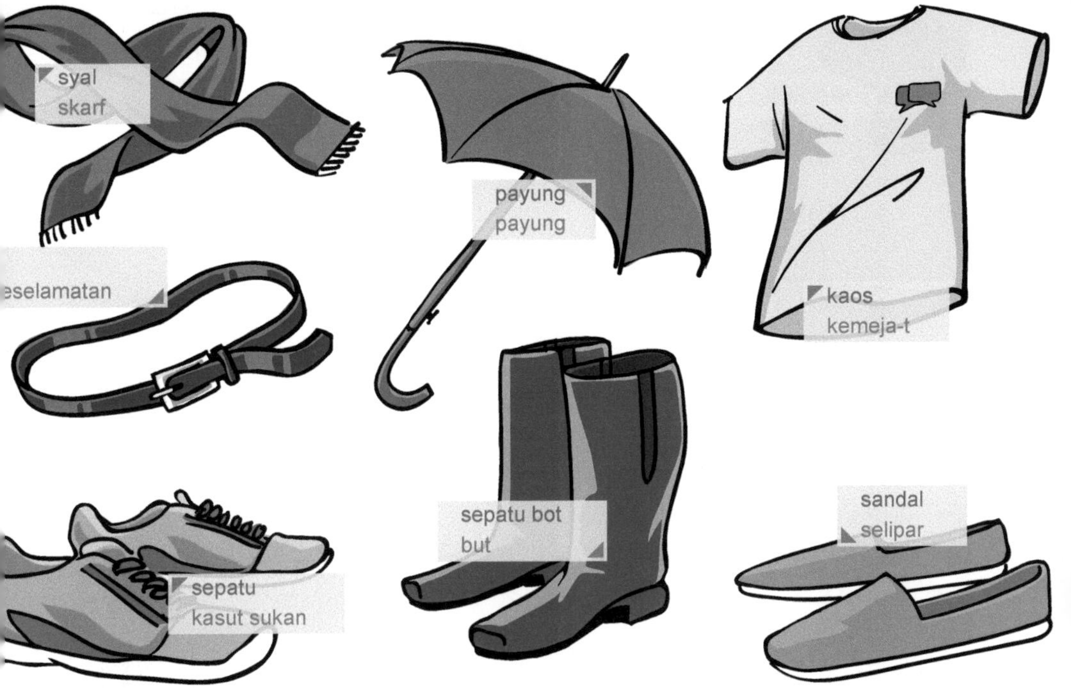

syal
skarf

payung
payung

eselamatan

kaos
kemeja-t

sepatu bot
but

sandal
selipar

sepatu
kasut sukan

sandal
sandal

sepatu
kasut

sepatu bot karet
but getah

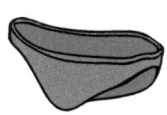
celana dalam
seluar dalam

BH
coli

baju rompi
ves

body
badan

celana
Seluar panjang

jeans
jean

rok
skirt

blus
blaus

kemeja
kemeja

aket berkerudung
baju panas sarung

sweater
sweater

jaket
blazer

jaket
jaket

mantel
kot

jas hujan
baju hujan

kostum
kostum

gaun
pakaian

gaun pengantin
baju pengantin

setelan resmi

sut

gaun tidur

baju tidur

piyama

baju tidur

sari

sari

jilbab

skarf kepala

turban

serban

burka

burqa

kaftan

kaftan

abaya

abaya/jubah

pakaian renang

baju renang

celana renang

seluar renang

celana pendek

seluar pendek

olah raga

sut balapan

celemek

apron

sarung tangan

sarung tangan

kancing
butang

kacamata
cermin mata

gelang
gelang tangan

kalung
rantai leher

cincin
cincin

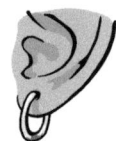

anting
subang

topi
topi

gantungan mantel
penyangkut kot

topi
topi

dasi
tali leher

ritsleting
zip

helm
topi keledar

tali selempang
pendakap

seragam sekolah
uniform sekolah

seragam
seragam

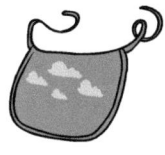

oto

lapik dada

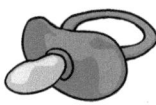

dot

palsu

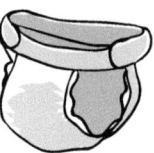

popok

lampin

kantor
pejabat

server
pelayan
lemari arsip
kabinet fail
pencetak
mesin pencetak
kertas
kertas
layar
monitor
mouse komputer
tetikus
meja kerja
meja
tempat pengarsipan
folder
papan tombol
papan kekunci
tempat sampah
bakul sampah
computer
komputer
kursi
kerusi

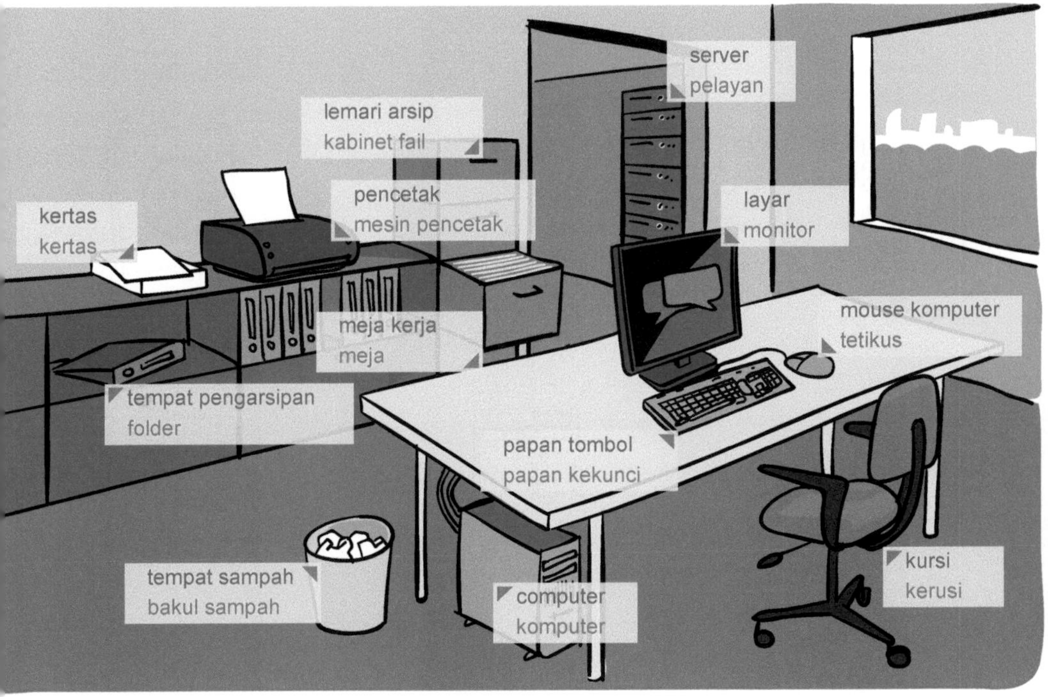

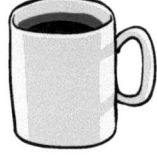

cangkir kopi

cawan kopi

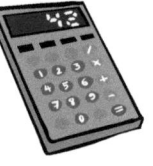

kalkulator

kalkulator

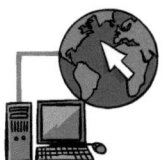

internet

internet

laptop

komputer riba

surat

surat

pesan

mesej

telepon seluler

mudah alih

jaringan

rangkaian

fotokopi

mesin fotokopi

software

perisian

telepon

telefon

plug soket

soket plag

mesin fax

mesin faks

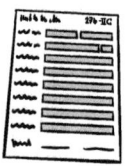

formulir

bentuk

dokumen

dokumen

membeli

beli

membayar

bayar

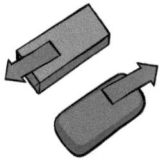

berdagang

berdagang

uang

wang

Dollar

dolar

Euro

euro

Yen

yen

Rubel

rubel

Franc Swiss

franc swiss

Renminbi Yuan

renminbi yuan

Rupiah

rupee

ATM

mata tunai

kantor pertukaran mata
uang
....
pejabat tukaran mata wang

emas
....
emas

perak
....
perak

minyak
....
minyak

energi
....
tenaga

harga
....
harga

kontrak
....
kontrak

pajak
....
cukai

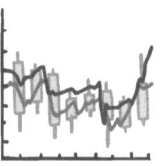

saham
....
stok

bekerja
....
kerja

karyawan
....
pekerja

majikan
....
majikan

pabrik
....
kilang

toko
....
kedai

ekonomi - ekonomi

pekerjaan
pekerjaan

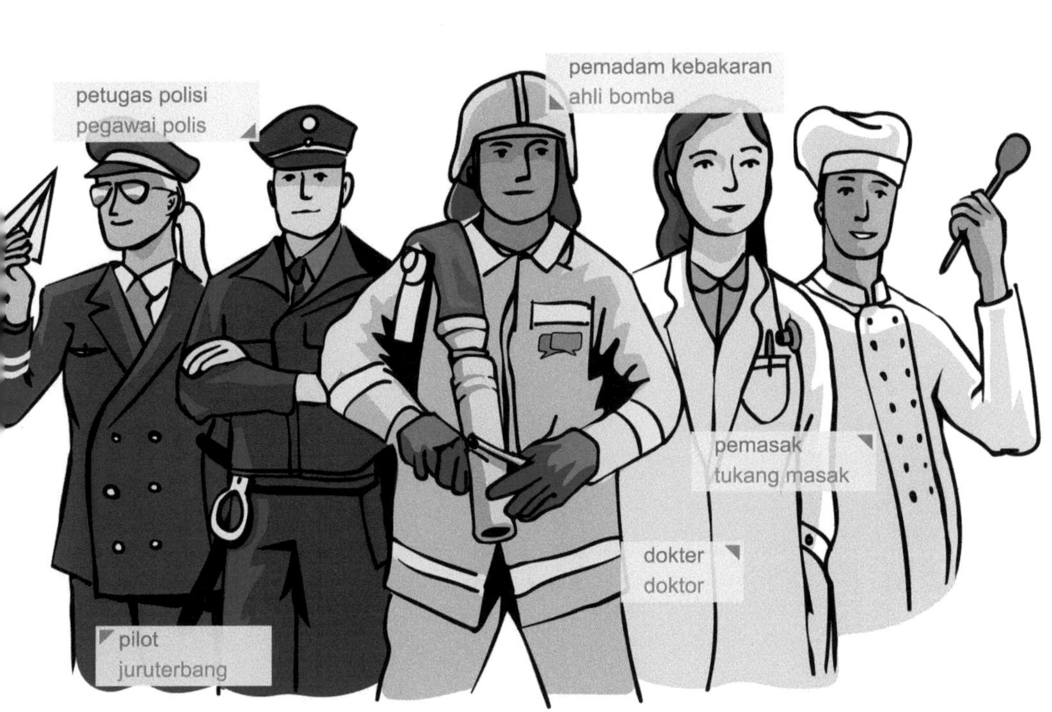
petugas polisi
pegawai polis
pemadam kebakaran
ahli bomba
pemasak
tukang masak
dokter
doktor
pilot
juruterbang

tukan kebun

tukang kebun

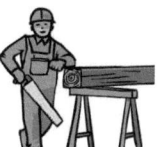

tukang kayu

tukang kayu

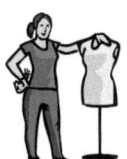

penjahit wanita

tukang jahit

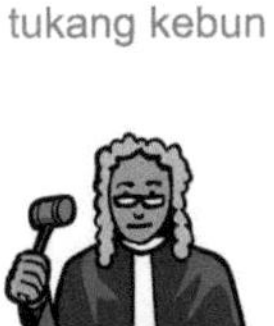

hakim

hakim

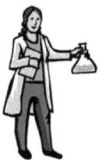

ahli kimia

ahli kimia

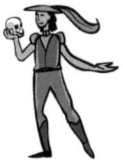

aktor

pelakon

sopir bis

pemandu bas

sopir taksi

pemandu teksi

nelayan

nelayan

pembantu

wanita pencuci

tukang atap

kasau

pelayan

pelayan

pemburu

pemburu

pelukis

pelukis

tukang roti

bakeri

tukang listrik

juruelektrik

pembangun

pembangun

insinyur

jurutera

tukang daging

penjual daging

tukang ledeng

tukang paip

tukang pos

posmen

tentara

askar

arsitek

arkitek

kasir

juruwang

penjual bunga

kedai bunga

penata rambut

pendandan rambut

konduktor

konduktor

montir

mekanik

kapten

kapten

dokter gigi

doktor gigi

ilmuwan

ahli sains

rabbi

tuhanku

imam

imam

biarawan

sami

pendeta

paderi

alat
alat

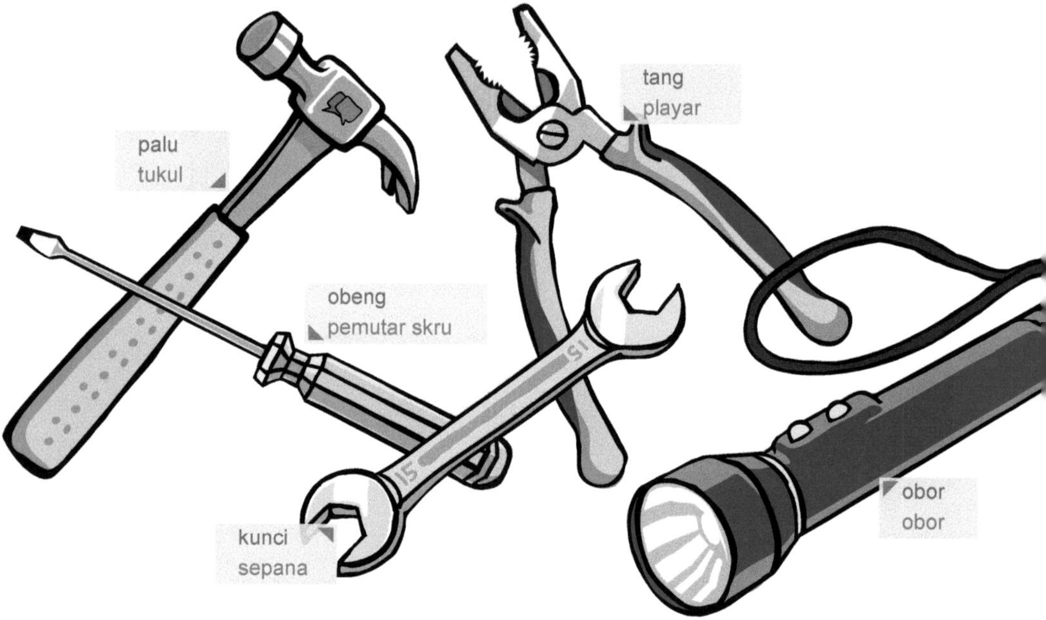

palu
tukul
tang
playar
obeng
pemutar skru
kunci
sepana
obor
obor

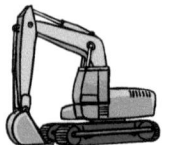

penggali
pengorek

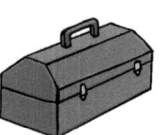

tas perkakas
kotak peralatan

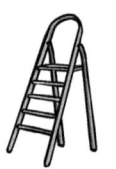

tangga
tangga

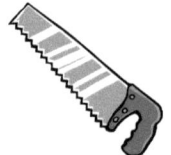

gergaji
gergaji

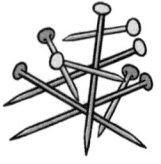

paku
kuku

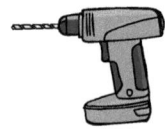

bor
gerudi

perbaikan
baiki

sekop
penyodok

Sialan!
Celaka!

cikrak
penadah sampah

pot cat
periuk cat

sekrup
skru

alat musik
alat muzik

alat drum
perangkat dram

pengeras suara
pembesar suara

bas
bass berganda

trompet
trompet

gitar
gitar

piano
piano

violin
biola

bass
bass

tambur
timpani

drum
dram

keyboard
papan kekunci

saksofon
saksofon

suling
seruling

mikrofon
mikrofon

kebun binatang

zoo

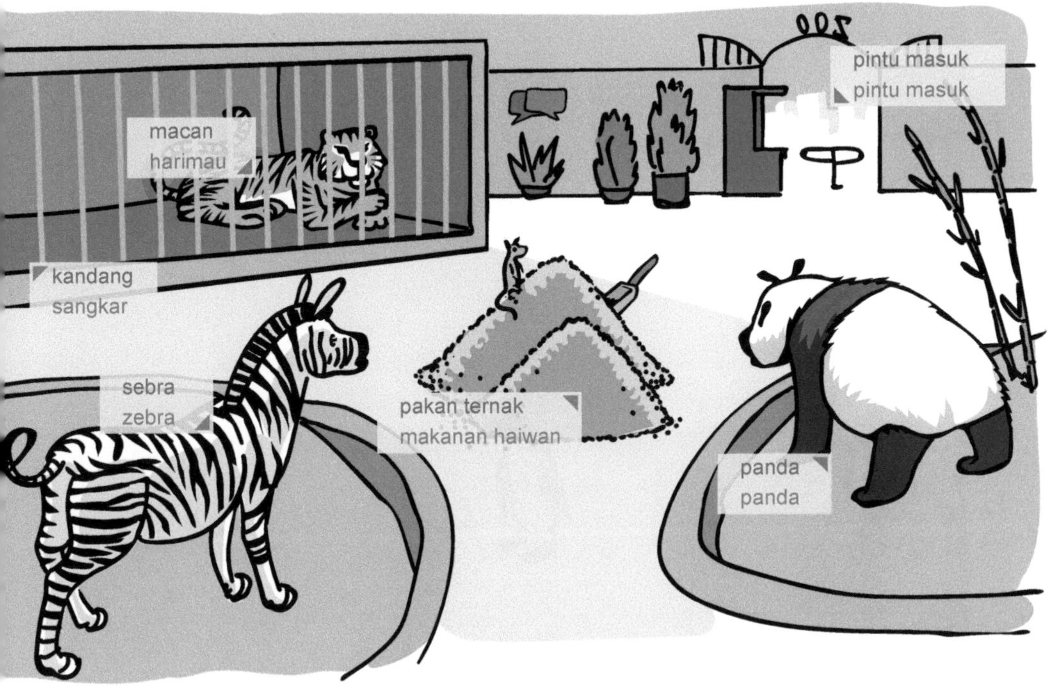

pintu masuk
pintu masuk
macan
harimau
kandang
sangkar
sebra
zebra
pakan ternak
makanan haiwan
panda
panda

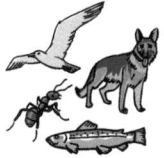

hewan

haiwan

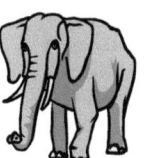

gajah

gajah

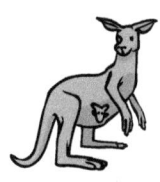

kanguru

kanggaru

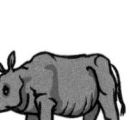

badak

badak sumbu

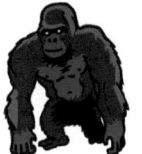

gorila

gorila

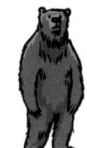

beruang

beruang

unta

unta

burung unta

burung unta

singa

singa

monyet

monyet

flamingo

flamingo

burung beo

nuri

beruang polar

beruang kutub

penguin

penguin

hiu

yu

merak

merak

ular

ular

buaya

buaya

penjaga kebun binatang

penjaga zoo

segel

anjing laut

jaguar

jaguar

kuda poni

kuda

macan tutul

harimau

kuda nil

badak air

jerapah

zirafah

burung elang

helang

babi jantan

babi jantan

ikan

ikan

kura-kura

penyu

anjing laut

anjing laut

rubah

musang

kijang

rusa

american football
bola sepak Amerika

naik sepeda
berbasikal

tennis
tenis

basketbal
bola keranjang

bernang
renang

tinju
tinju

hoki es
hoki ais

sepak bola
bola sepak

badminton
badminton

atletik
olahraga

bola tangan
bola baling

main ski
ski

polo
polo

aktivitas

aktiviti

ketawa
ketawa
meloncat
lompat
memeluk
peluk
berjalan
berjalan
menyanyi
menyanyi
mengimpi
mimpi
berdoa
berdoa
mencium
cium

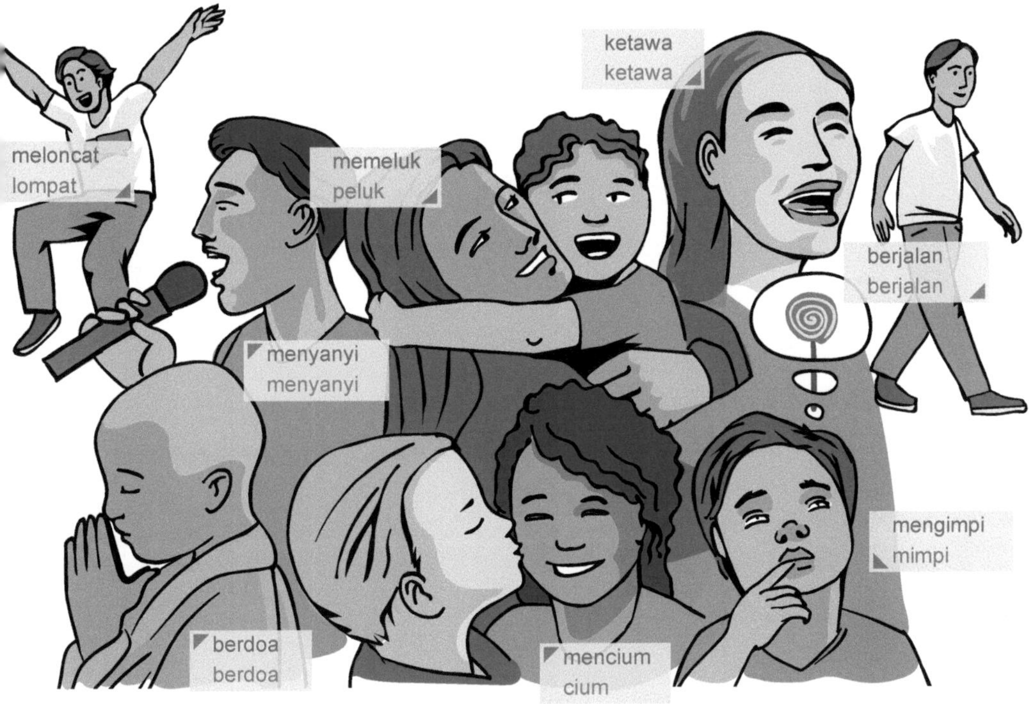

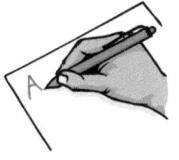

menulis

tulis

melukis

lukis

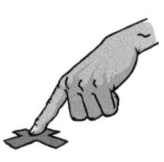

menunjuk

tunjuk

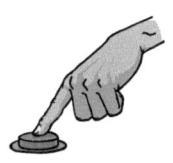

mendorong

tolak

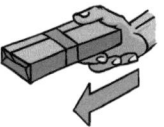

memberikan

beri

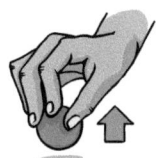

mengambil

ambil

mempunyai
ada

melakukan
buat

adalah
ialah

berdiri
berdiri

berlari
lari

menarik
tarik

melempar
buang

jatuh
jatuh

tidur
tipu

menunggu
tunggu

membawa
bawa

duduk
duduk

berpakaian
pakai

tidur
tidur

bangun
bangkit

melihat

lihat pada

menangis

menangis

mengelus

strok

menyisir

sikat

berbicara

cakap

mengerti

faham

menanyak

tanya

mendengar

dengar

minum

minum

makan

makan

merapikan

mengemas

cinta

sayang

memasak

masak

menyetir

pandu

terbang

terbang

berlayar

belayar

menghitung

kira

membaca

baca

belajar

belajar

bekerja

kerja

menikah

nikah

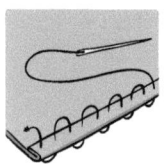

menjahit

jahit

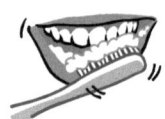

sikat gigi

memberus gigi

membunuh

bunuh

merokok

asap

kirim

hantar

nenek
nenek

kakek
datuk

bapak
bapa

ibu
ibu

bayi
bayi

putri
anak perempuan

putra
anak lelaki

tamu

tetamu

bibi

mak cik

paman

pak cik

kakak laki

abang

kakak perempuan

kakak

badan

badan

dahi
dahi
mata
mata
muka
muka
dagu
dagu
payudara
dada
jari
jari
tangan
tangan
lengan
lengan
bahu
bahu
kaki
kaki

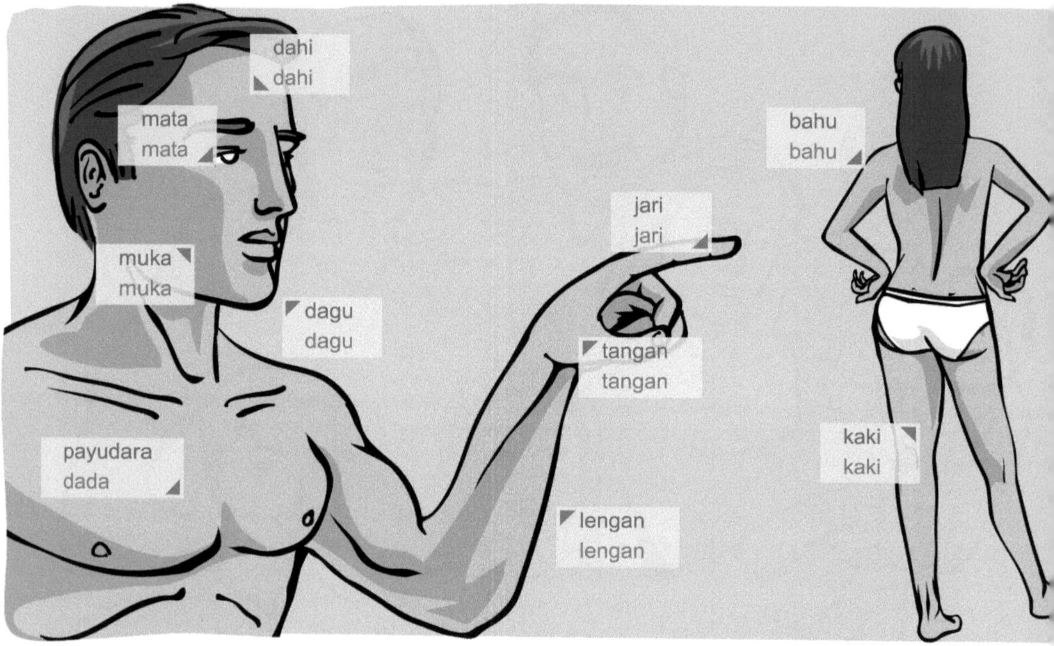

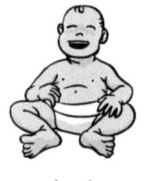

bayi

bayi

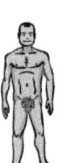

pria

lelaki

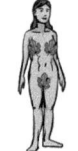

wanita

wanita

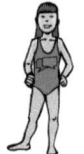

perempuan

perempuan

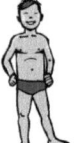

laki

lelaki

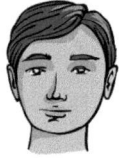

kepala

kepala

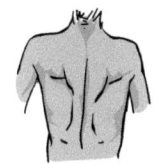

punggung

belakang

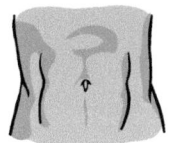

perut

bawah perut

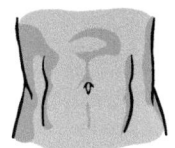

pusar

pusat

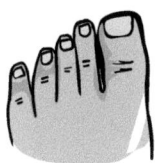

toe

jari kaki

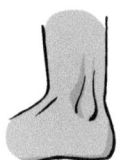

tumit

tumit

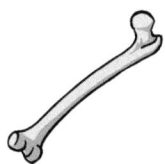

tulang

tulang

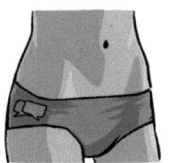

pinggang

pinggul

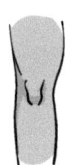

lutut

lutut

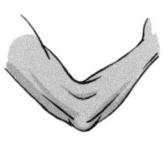

siku

siku

hidung

hidung

pantat

bawah

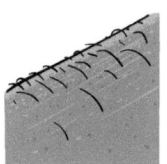

kulit

kulit

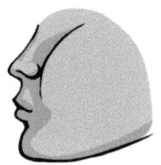

pipi

pipi

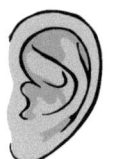

telinga

telinga

bibir

bibir

mulut
....
mulut

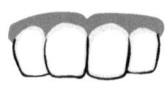

gigi
....
gigi

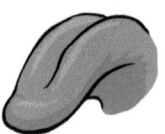

lidah
....
lidah

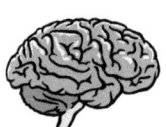

otak
....
otak

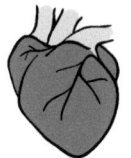

jantung
....
hati

otot
....
otot

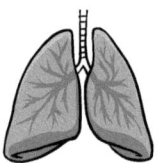

paru-paru
....
paru-paru

hati
....
hati

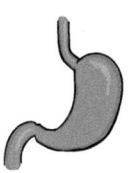

stomach
....
perut

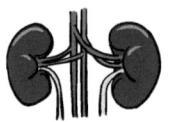

ginjal
....
buah pinggang

hubungan seks
....
seks

kondom
....
kondom

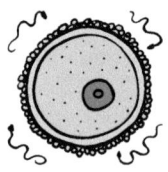

sel telur
....
faraj

sperma
....
mani

kehamilan
....
mengandung

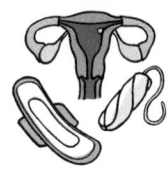

menstruasi
....
haid

vagina
....
faraj

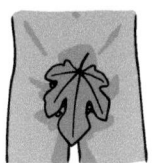

penis
....
penis

alis
....
kening

rambut
....
rambut

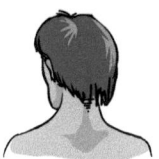

leher
....
leher

badan - badan

rumah sakit
hospital

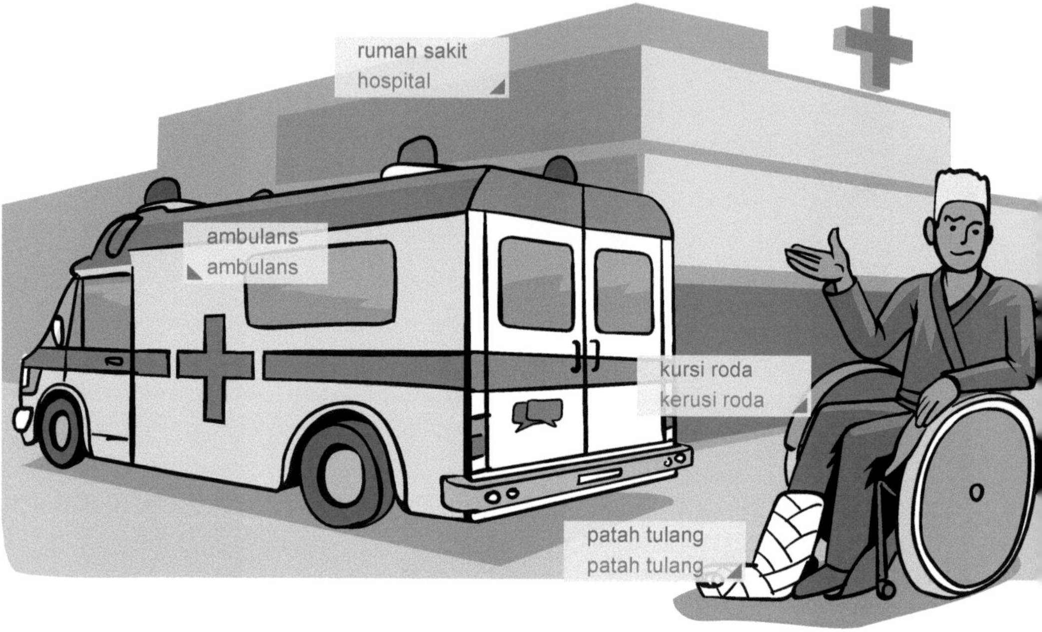

rumah sakit
hospital
ambulans
ambulans
kursi roda
kerusi roda
patah tulang
patah tulang

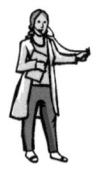

dokter

doktor

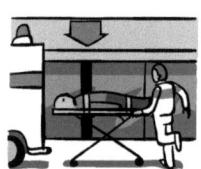

ruang darurat

bilik kecemasan

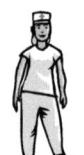

perawat

jururawat

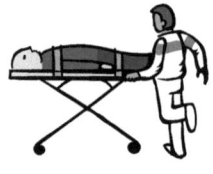

darurat

kecemasan

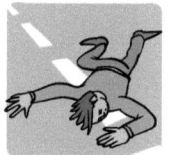

semaput

tak sedar

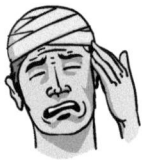

sakit

sakit

cedera
....
kecederaan

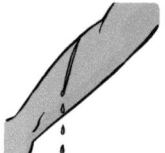

perdarahan
....
pendarahan

serangan jantung
....
serangan jantung

stroke
....
strok

alergi
....
alergi

batuk
....
batuk

demam
....
demam

flu
....
selesema

diare
....
cirit-birit

sakit kepala
....
sakit kepala

kanker
....
kanser

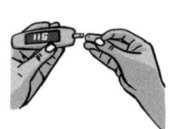

diabetes
....
diabetes

ahli bedah
....
pakar bedah

pisau bedah
....
pisau bedah

operasi
....
pembedahan

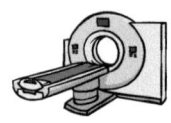

CT
CT

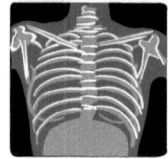

sinar x
x-ray

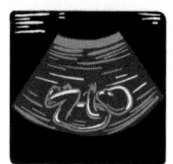

usg
ultrabunyi

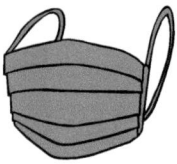

topeng
topeng muka

penyakit
penyakit

ruang tunggu
bilik menunggu

penyokong
penongkat

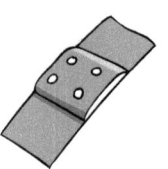

plester
plaster

perban
pembalut

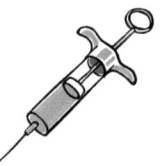

injeksi
suntikan

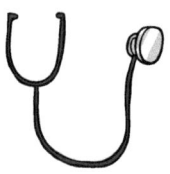

stetoskop
stetoskop

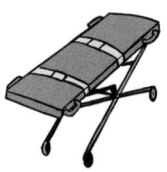

usungan
pengusung

termometer klinis
termometer klinik

kelahiran
kelahiran

kelebihan berat badan
berat badan berlebihan

alat pendengar

alat pendengaran

desinfektan

disinfektan

infeksi

jangkitan

virus

virus

HIV / AIDS

HIV / AIDS

obat

perubatan

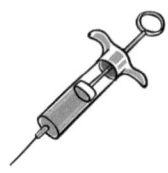

vaksinasi

vaksinasi

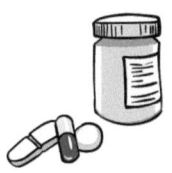

tablet

tablet

pil

pil

panggilan darurat

panggilan kecemasan

ukur tekanan darah

pantau tekanan darah

sakit / sehat

sakit / sihat

Tolong!

Tolong!

alarm

penggera

penyerbuan

serang

serangan

serangan

bahaya

bahaya

pintu darurat

pintu kecemasan

Api!

Api!

alat pemadam kebakaran

alat pemadam api

kecelakaan

kemalangan

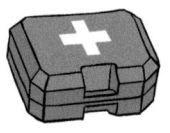

kit pertolongan pertama

alat pertolongan cemas

SOS

SOS

polisi

polis

Eropa

Eropah

Amerika Utara

Amerika Utara

Amerika Selatan

Amerika Selatan

Afrika

Afrika

Asia

Asia

Australi

Australia

Atlantik

Atlantic

Pasifik

Pasifik

Samudra India

Lautan Hindi

Samudra Antartika

Lautan Antartik

Samudra Arktik

Lautan Artik

kutub utara

Kutub utara

kutub selatan

Kutub Selatan

Antarktika

Antartika

bumi

bumi

tanah

tanah

laut

laut

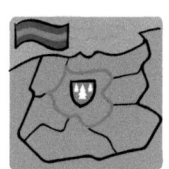

pulau

pulau

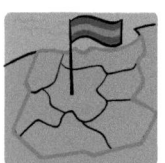

bangsa

negara

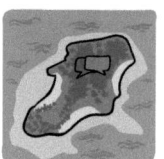

negara

negeri

jam wajah

muka jam

jarum pendek

tangan jam

jarum menit

tangan minit

jarum detik

terpakai

Jam berapa?

Jam berapa sekarang

hari

hari

waktu

masa

sekarang

sekarang

jam digital

jam digital

menit

minit

jam

jam

minggu

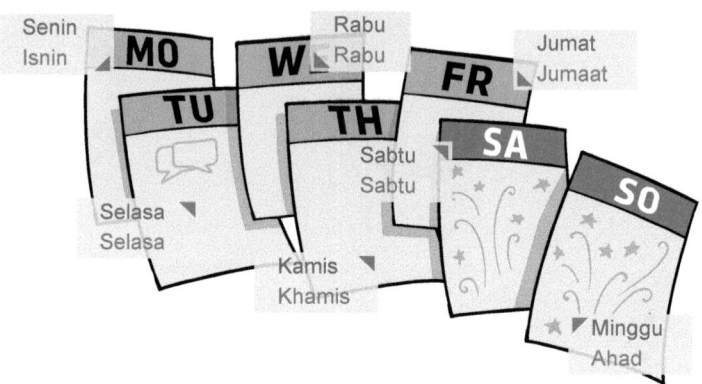

kemaren

semalam

hari ini

hari ini

besok

esok

pagi

pagi

siang

tengah hari

malam

petang

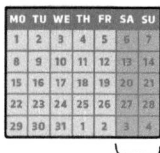

hari kerja

hari kerja

akhir minggu

hari minggu

tahun
tahun

hujan
hujan
pelangi
pelangi
angin
angin
salju
salji
musim semi
musim bunga
musim gugur
musim luruh
musim panas
musim panas
musim dingin
musim salji

4.APRIL 11°
5.APRIL 4°
6.APRIL 13°
7.APRIL 8°
8.APRIL 10°

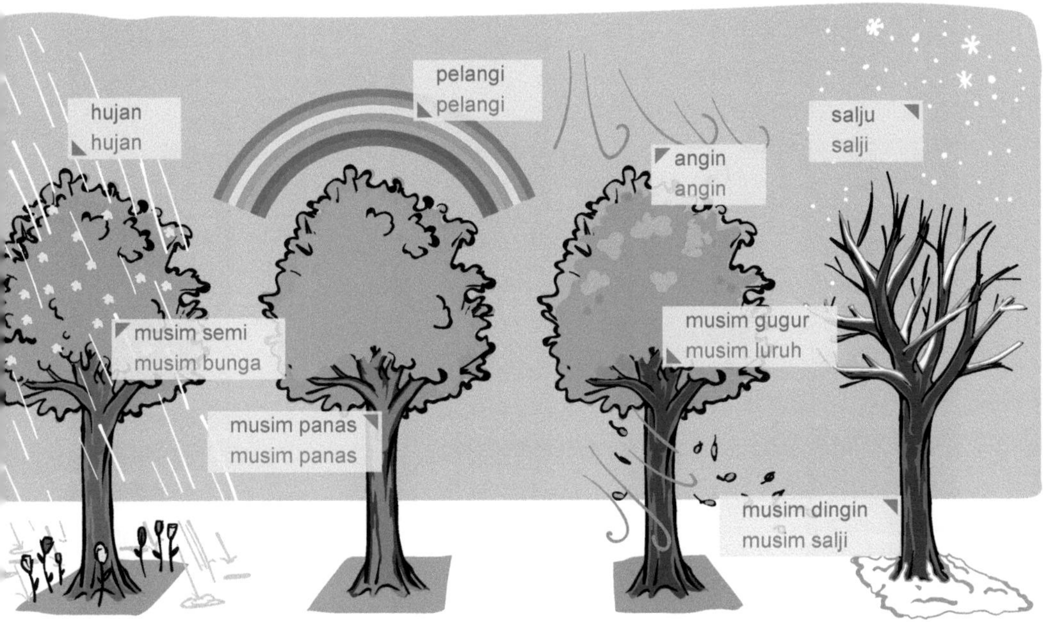

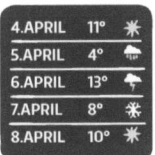

ramalan cuaca

ramalan cuaca

F
C
120
90
60
30
0
-30
40
30
20
10
0
-10
-20

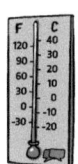

termometer

termometer

matahari

sinar matahari

awan

awan

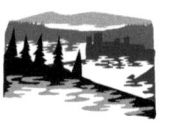

kabut

kabus

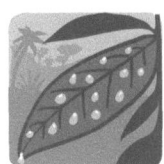

kelembahan

lembapan

kilat
kilat

guntur
petir

badai
ribut

hujan es
hujan batu

monsun
monsun

banjir
banjir

es
ais

Januari
Januari

Februari
Februari

Maret
Mac

April
April

Mei
Mei

Juni
Jun

Juli
Julai

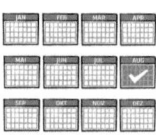

Agustus
Ogos

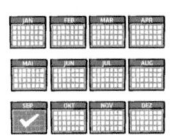

September
September

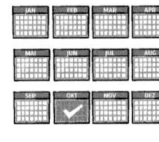

Oktober
Oktober

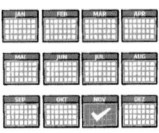

November
November

Desember
Disember

lingkaran
bulatan

persegi
petak

persegi panjang
segi empat tepat

segi tiga
segitiga

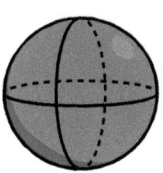

bola
sfera

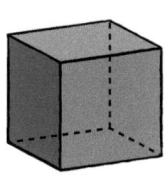

kubus
kiub

putih

putih

kuning

kuning

oranye

oren

pink

merah jambu

merah

merah

ungu

ungu

biru

biru

hijau

hijau

coklat

coklat

abu-abu

kelabu

hitam

hitam

banyak / sedikit

banyak / sedikit

marah / tenang

marah / tenang

cantik / jelek

cantik / hodoh

mulaih / selesai

bermula / tamat

besar / kecil

besar kecil

terang / gelap

terang / gelap

audara laki-laki / saudara perempuan

abang / kakak

bersih / kotor

bersih / kotor

lengkap / tidak lengkap

lengkap / tidak lengkap

hari / malam

hari / malam

mati / hidup

mati / hidup

luas / sempit

luas / sempit

dapat dimakan / tidak dapat
dimakan

boleh dimakan / tidak boleh
dimakan

jahat / baik

jahat / baik

bersemangat / bosan

teruja / bosan

gemuk / kurus

gemuk / kurus

pertama / terakhir

pertama / terakhir

teman / musuh

kawan / musuh

penuh / kosong

penuh / kosong

keras / lembut

keras / lembut

berat / enteng

berat / ringan

lapar / haus

lapar / dahaga

sakit / sehat

sakit / sihat

ilegal / legal

menyalahi undang-undang /
undang-undang

cerdas / bodoh

pintar / bodoh

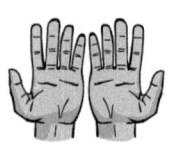

kiri / kanan

kiri / kanan

dekat / jauh

dekat / jauh

baru / bekas
baru / lama

tidak ada apapun / sesuatu

tiada / sesuatu

tua / muda
tua / muda

nyala / mati
hidup / mati

buka / tutup
terbuka / tertutup

tenang / keras
diam / bising

kaya / miskin
kaya / miskin

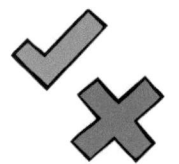

benar / salah
betul / salah

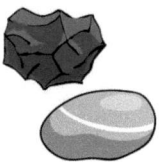

kasar / halus
kasar / halus

sedih / gembira
sedih / gembira

pendek / panjang
pendek / panjang

pelan-pelan / cepat
lambat / laju

basah / kering
basah / kering

hangat / sejuk
panas / sejuk

perang / damai
berperang / berdamai

0	**1**	**2**
nol	satu	dua
sifar	satu	dua

3	**4**	**5**
tiga	empat	lima
tiga	empat	lima

6	**7**	**8**
enam	tujuh	delapan
enam	tujuh	lapan

9	**10**	**11**
sembilan	sepuluh	sebelas
sembilan	sepuluh	sebelas

12

duabelas

dua belas

13

tigabelas

tiga belas

14

empatbelas

empat belas

15

limabelas

lima belas

16

enambelas

enam belas

17

tujuhbelas

tujuh belas

18

delapanbelas

lapan belas

19

sembilanbelas

Sembilan belas

20

duapuluh

dua puluh

100

seratus

ratus

1.000

seribu

ribu

1.000.000

juta

juta

bahasa-bahasa

Inggris

Bahasa Inggeris

bahasa Inggris Amerika

Bahasa Inggeris Amerika

bahasa Cina Mandarin

Bahasa Cina Mandarin

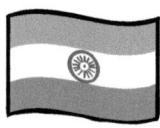

bahasa Hindi

Bahasa Hindi

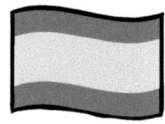

bahasa Spanyol

Bahasa Sepanyol

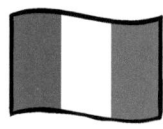

bahasa Perancis

Bahasa Perancis

bahasa Arab

Bahasa Arab

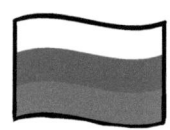

bahasa Rusia

Bahasa Rusia

bahasa Portugis

Bahasa Portugis

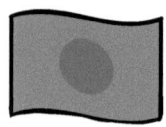

bahasa Bengal

Bahasa Benggali

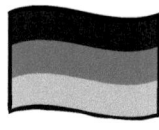

bahasa Jerman

Bahasa Jerman

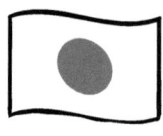

bahasa Jepang

Bahasa Jepun

saya

saya

kamu

anda

dia

dia / dia / ia

kita

kita

kalian

anda

mereka

mereka

siapa?

siapa?

apa?

apa?

begaimana?

bagaimana?

dimana?

di mana?

kapan?

bila?

nama

nama

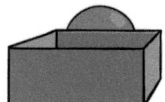

dibelakang

belakang

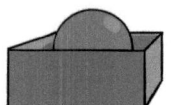

di

dalam

didepan

di hadapan

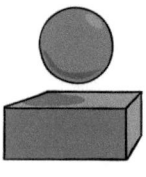

diatas

lebih

diatas

pada

dibawah

di bawah

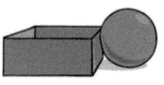

sebelah

bersebelahan

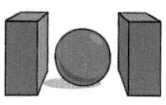

di antara

antara

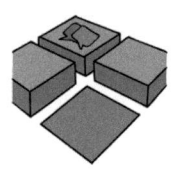

tempat

tempat